POLICE NATIONALE
TAHITI FAAA
23 NOV 2010
POLYNESIE FRANÇAISE

EXIT BY SEA
IMMIGRATION
ROSEAU
JUN 24 2013
TO FDF
COMMONWEALTH OF DOMINICA

ESTADO PLURINACIONAL
DE BOLIVIA
MINISTERIO DE GOBIERNO
VALIDO HASTA
DIRECCION GENERAL DE MIGRACION

ENTERED CAYMAN ISLANDS
5 0
AUG – 6 2010
LANDED FOR 30 DAYS
EMPLOYMENT PROHIBITED

626
PCC

05 DEC 2007
ENTRADA

10 JULY 1999

REPUBLIQUE DU BENIN
DGPN DRSET
ARRIVÉE
20
23
AEROPORT DE COTONOU
POLICE DE L AIR ET DES FRONTIERES

DATE
DEPARTURE
BELIZE WESTERN BORDER STATION

Name: _____

Address: _____

_____

Phone: _____

Email: _____

||||| D1806440

Emergency Contact: _____

Relationship: _____

Phone: _____

Blood Type: _____

Allergies: _____

_____

Date: _____

Trip: _____

_____

My Plan

Packing List

- ○ _____
- ○ _____
- ○ _____
- ○ _____
- ○ _____
- ○ _____
- ○ _____
- ○ _____
- ○ _____
- ○ _____
- ○ _____
- ○ _____
- ○ _____
- ○ _____
- ○ _____
- ○ _____
- ○ _____
- ○ _____
- ○ _____
- ○ _____
- ○ _____
- ○ _____
- ○ _____
- ○ _____
- ○ _____
- ○ _____
- ○ _____
- ○ _____

Paste in Photos, Tickets, Maps, Postcards and etc.

Location:_____ Date:_____

Location:_____   Date:_____

Location:_____ Date:_____

Location:_____   Date:_____

Location:_____   Date:_____

Location:_____   Date:_____

Location:_____   Date:_____

Location:_____   Date:_____

Date: _____

Trip: _____

_____

My Plan

Packing List

- ○ _____
- ○ _____
- ○ _____
- ○ _____
- ○ _____
- ○ _____
- ○ _____
- ○ _____
- ○ _____
- ○ _____
- ○ _____
- ○ _____
- ○ _____
- ○ _____
- ○ _____
- ○ _____
- ○ _____
- ○ _____
- ○ _____
- ○ _____
- ○ _____
- ○ _____
- ○ _____
- ○ _____
- ○ _____
- ○ _____
- ○ _____
- ○ _____
- ○ _____

Paste in Photos, Tickets, Maps, Postcards and etc.

Location:_____   Date:_____

Location:_____   Date:_____

Location:_____   Date:_____

Location:_____ Date:_____

Location:_____   Date:_____

Location:_____   Date:_____

Location:_____   Date:_____

Date: _____

Trip: _____

_____

My Plan

Packing List

- ○ _____
- ○ _____
- ○ _____
- ○ _____
- ○ _____
- ○ _____
- ○ _____
- ○ _____
- ○ _____
- ○ _____
- ○ _____
- ○ _____
- ○ _____
- ○ _____
- ○ _____
- ○ _____
- ○ _____
- ○ _____
- ○ _____
- ○ _____
- ○ _____
- ○ _____
- ○ _____
- ○ _____
- ○ _____
- ○ _____
- ○ _____
- ○ _____
- ○ _____

Paste in Photos, Tickets, Maps, Postcards and etc.

Location:_____ Date:_____

Location:_____ Date:_____

Location:_____   Date:_____

Location:_____ Date:_____

Location:_____   Date:_____

Location:_____ Date:_____

Location:_____ Date:_____

Location:_____   Date:_____

Date: _____

Trip: _____

_____

My Plan

Packing List

- ○ _____
- ○ _____
- ○ _____
- ○ _____
- ○ _____
- ○ _____
- ○ _____
- ○ _____
- ○ _____
- ○ _____
- ○ _____
- ○ _____
- ○ _____
- ○ _____
- ○ _____
- ○ _____
- ○ _____
- ○ _____
- ○ _____
- ○ _____
- ○ _____
- ○ _____
- ○ _____
- ○ _____
- ○ _____
- ○ _____
- ○ _____

Paste in Photos, Tickets, Maps, Postcards and etc.

Location:_____   Date:_____

Location:_____   Date:_____

Location: _____   Date: _____

Location:_____ Date:_____

Location:_____ Date:_____

Location:_____ Date:_____

_____

_____

_____

_____

_____

_____

_____

_____

_____

_____

_____

_____

_____

_____

_____

_____

_____

_____

_____

_____

_____

_____

_____

_____

_____

_____

_____

Location:_____   Date:_____

Location:_____   Date:_____

Date: _____

Trip: _____

_____

My Plan

Packing List

- ○ _____
- ○ _____
- ○ _____
- ○ _____
- ○ _____
- ○ _____
- ○ _____
- ○ _____
- ○ _____
- ○ _____
- ○ _____
- ○ _____
- ○ _____
- ○ _____
- ○ _____
- ○ _____
- ○ _____
- ○ _____
- ○ _____
- ○ _____
- ○ _____
- ○ _____
- ○ _____
- ○ _____
- ○ _____
- ○ _____
- ○ _____
- ○ _____

Paste in Photos, Tickets, Maps, Postcards and etc.

Location:_____   Date:_____

Location:_____   Date:_____

Location:_____   Date:_____

Location:_____ Date:_____

Location:_____   Date:_____

Location:_____   Date:_____

Location:_____   Date:_____

Location:_____   Date:_____

Date: _____

Trip: _____

_____

My Plan

Packing List

- ○ _____
- ○ _____
- ○ _____
- ○ _____
- ○ _____
- ○ _____
- ○ _____
- ○ _____
- ○ _____
- ○ _____
- ○ _____
- ○ _____
- ○ _____
- ○ _____
- ○ _____
- ○ _____
- ○ _____
- ○ _____
- ○ _____
- ○ _____
- ○ _____
- ○ _____
- ○ _____
- ○ _____
- ○ _____
- ○ _____

Paste in Photos, Tickets, Maps, Postcards and etc.

Location:_____   Date:_____

Location:_____   Date:_____

Location:_____   Date:_____

Location:_____   Date:_____

Location:_____   Date:_____

Location:_____   Date:_____

Location:_____   Date:_____

Location:_____   Date:_____

Date: _____

Trip: _____

_____

Packing List

My Plan

- ○ _____
- ○ _____
- ○ _____
- ○ _____
- ○ _____
- ○ _____
- ○ _____
- ○ _____
- ○ _____
- ○ _____
- ○ _____
- ○ _____
- ○ _____
- ○ _____
- ○ _____
- ○ _____
- ○ _____
- ○ _____
- ○ _____
- ○ _____
- ○ _____
- ○ _____
- ○ _____
- ○ _____
- ○ _____
- ○ _____
- ○ _____

Paste in Photos, Tickets, Maps, Postcards and etc.

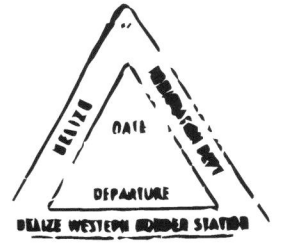  

Location:_____   Date:_____

Location:_____   Date:_____

Location:_____   Date:_____

Location:_____   Date:_____

Location:_____   Date:_____

Location:_____   Date:_____

Location:_____   Date:_____

Location:_____   Date:_____

Date: _____

Trip: _____

_____

My Plan

Packing List

- ○ _____
- ○ _____
- ○ _____
- ○ _____
- ○ _____
- ○ _____
- ○ _____
- ○ _____
- ○ _____
- ○ _____
- ○ _____
- ○ _____
- ○ _____
- ○ _____
- ○ _____
- ○ _____
- ○ _____
- ○ _____
- ○ _____
- ○ _____
- ○ _____
- ○ _____
- ○ _____
- ○ _____
- ○ _____
- ○ _____
- ○ _____
- ○ _____

Paste in Photos, Tickets, Maps, Postcards and etc.

Location:_____   Date:_____

Location:_____   Date:_____

Location:_____   Date:_____

Location:_____   Date:_____

Location:_____ Date:_____

Location:_____   Date:_____

Location:_____ Date:_____

Location:_____   Date:_____

Date: _____

Trip: _____

_____

My Plan

Packing List

- ◯ _____
- ◯ _____
- ◯ _____
- ◯ _____
- ◯ _____
- ◯ _____
- ◯ _____
- ◯ _____
- ◯ _____
- ◯ _____
- ◯ _____
- ◯ _____
- ◯ _____
- ◯ _____
- ◯ _____
- ◯ _____
- ◯ _____
- ◯ _____
- ◯ _____
- ◯ _____
- ◯ _____
- ◯ _____
- ◯ _____
- ◯ _____
- ◯ _____
- ◯ _____
- ◯ _____

Paste in Photos, Tickets, Maps, Postcards and etc.

Location:_____   Date:_____

Location:_____   Date:_____

Location:_____   Date:_____

Location:_____   Date:_____

Location:_____   Date:_____

Location:_____   Date:_____

Location:_____ Date:_____

Location:_____   Date:_____

Date: _____

Trip: _____

_____

My Plan

Packing List

- ◯ _____
- ◯ _____
- ◯ _____
- ◯ _____
- ◯ _____
- ◯ _____
- ◯ _____
- ◯ _____
- ◯ _____
- ◯ _____
- ◯ _____
- ◯ _____
- ◯ _____
- ◯ _____
- ◯ _____
- ◯ _____
- ◯ _____
- ◯ _____
- ◯ _____
- ◯ _____
- ◯ _____
- ◯ _____
- ◯ _____
- ◯ _____
- ◯ _____
- ◯ _____
- ◯ _____

Paste in Photos, Tickets, Maps, Postcards and etc.

Location:_____   Date:_____

Location:_____   Date:_____

Location:_____   Date:_____

Location:_____   Date:_____

Location:_____   Date:_____

Location:_____   Date:_____

Location:_____   Date:_____

Location:_____   Date:_____

Location:_____ Date:_____

16800815R00060

Printed in Great Britain
by Amazon